# Inhalt

**Geplantes Bilanzrechtsmodernisierungsgesetz - Veröffentlichung erster Eckpunkte**

Kernthesen

Beitrag

Fallbeispiele

Weiterführende Literatur

Impressum

# Geplantes Bilanzrechtsmodernisier - Veröffentlichung erster Eckpunkte

*A.Kaindl*

## Kernthesen

- Die Unternehmen in Deutschland brauchen eine moderne Bilanzierungsgrundlage.
- Das Bilanzrechtsmodernisierungsgesetz soll das HGB-Bilanzrecht zu einem Regelwerk ausbauen, das den internationalen Rechnungslegungsstandards gleichwertig ist.
- Aber die Anwendung des Bilanzrechtsmodernisierungsgesetzes ist wesentlich kostengünstiger und in der

Praxis einfacher zu handhaben.

# Beitrag

Sollte das Bilanzrechtsmodernisierungsgesetz tatsächlich in der Form verabschiedet werden, wie es derzeit im Entwurf vorliegt, könnte es von vielen Unternehmen den Druck nehmen, internationale Rechnungslegungsstandards anwenden zu müssen, um zu einem aussagekräftigeren Jahresabschluss zu kommen.

# Ziele des Bilanzrechtsmodernisierungsgeset

Die Unternehmen in Deutschland brauchen eine moderne Bilanzierungsgrundlage. Der am 16.10.2007 vom Bundesjustizministerium veröffentlichte Entwurf eines Bilanzrechtsmodernisierungsgesetzes (BilMoG) verfolgt das Ziel, dass bewährte, kostengünstige und einfache HGB-Bilanzrecht auf Dauer beizubehalten und für den Wettbewerb
mit den internationalen Rechnungslegungsstandards (IFRS) zu stärken. Im Vordergrund der Reform steht zum einen die Deregulierung und Kostensenkung, insbesondere für kleine und mittelständische

Unternehmen, und zum anderen die Verbesserung der Aussagekraft des handelsrechtlichen Jahresabschlusses. Von den Unternehmen soll dadurch der Druck genommen werden, die sehr komplexen, zeitaufwendigen und kostenintensiven Bilanzierungsstandards nach IFRS anzuwenden zu müssen. Das modernisierte HGB-Bilanzrecht soll für die Unternehmen eine gleichwertige Alternative zu den internationalen Rechnungslegungsstandards bieten, ohne
deren Nachteile zu übernehmen. Insbesondere bleibt es dabei, dass der HGB-Jahresabschluss die Grundlage für die steuerliche Gewinnermittlung und die Ausschüttungsbemessung ist. (1), (2)

## Bewertung von Rückstellungen

Rückstellungen sollen zukünftig ein realistisches Bild über die wirkliche Belastung der Unternehmen abgeben. Bei der Bewertung der Rückstellungen sollen deshalb künftige Entwicklung (beispielsweise von Löhnen und Preisen) stärker als bisher berücksichtigt werden. Außerdem sind die Rückstellungen abzuzinsen und werden damit dynamisiert. Das Steuerrecht bleibt unberührt. Das Ministerium rechnet, insbesondere bei den Pensionsrückstellungen, mit einer Erhöhung dieser

Position, plant aber mildernde Übergangsregelungen. (2), (3)

## Fair Value Bewertung von Handelsbeständen

Neu eingeführt wird die Marktwertbilanzierung für Finanzinstrumente wie Aktien, Schuldverschreibungen, Fondsanteilen und Derivaten, die zu Handelszwecken erworben werden. Bisher werden diese mit den Anschaffungskosten angesetzt. Steigt der Marktwert von diesen Finanzprodukten über die Anschaffungskosten, hat die Differenz zwischen Marktwert und Anschaffungspreis zukünftig unmittelbare Auswirkungen auf die Gewinn- und Verlustrechnung. (2)

## Mehr Information und Transparenz bei den Zweckgesellschaften

Das Bundesjustizministerium will die Vorschriften zur Bilanzierung von Zweckgesellschaften verschärfen und für mehr Transparenz sorgen. Die Auslagerung von Unternehmensrisiken in Zweckgesellschaften soll künftig erschwert werden. Geplant ist, die Kriterien enger zu fassen, nach denen Zweckgesellschaften bilanziert werden müssen. Zukünftig soll das schon dann der Fall sein, wenn sie unter einheitlicher Leitung eines Mutterunternehmens stehen und nicht erst, wenn, wie bisher, ein gesellschaftsrechtliches Beteiligungsverhältnis vorliegt. (2), (3)

# Nicht in der Bilanz ausgewiesene Geschäfte und Eventualverbindlichkeiten

Sofern es für die Beurteilung der Finanzlage notwendig ist, muss künftig im Anhang über Art, Zweck und finanzielle Auswirkungen von Geschäften berichtet werden, die nicht in der Bilanz auftauchen.

Risiken, die in den Eventualverpflichtungen stecken, müssen benannt werden. Es genügt nicht mehr, die Eventualverbindlichkeiten lediglich in einer Summe anzugeben, sondern es sind die dahinter stehenden Risiken sowie Prognosen über deren Eintritt zu benennen. (2), (3)

# Entlastungen für die Unternehmen

Einzelkaufleute und Personenhandelsgesellschaften, deren Umsatz 500 000 Euro und deren Gewinn 50 000 Euro im Geschäftsjahr nicht übersteigt, werden von der Verpflichtung zur Buchführung und Bilanzierung nach den Vorschriften des HGB befreit.

Die Größenklassen, die darüber entscheiden, welchen Informationspflichten eine Kapitalgesellschaft nachkommen muss, werden angehoben. Die Schwellenwerte für Bilanzsumme und Umsatzerlöse werden um 20 Prozent erhöht, mit der Folge, dass mehr Unternehmen als bisher in den Genuss der Erleichterungen für kleine und mittelgroße Kapitalgesellschaften kommen. Insgesamt soll dies bei den Firmen zu Einsparungen von rund 1,3 Mrd. Euro führen. (1), (2), (3)

# Aktivierung selbst geschaffener immaterieller Güter

Künftig müssen selbst geschaffene immaterielle Vermögensgegenstände des Anlagevermögens wie zum Beispiel Patente oder Know-how in der HGB-Bilanz aktiviert werden. (1)

Glossar:

IFRS: International Financial Reporting Standards

SME-IFRS: Spezielle IFRS für kleine und mittelgroße Unternehmen

IDW: Institut der Wirtschaftsprüfer

IASB: International Accounting Standards Board

# Fallbeispiele

Dr. Klaus-Peter Feld, Mitglied des Vorstands des IDW und Referent auf dem 23. Münsterischen Tagesgespräch zum Motto "Deutsche Bilanzierung im Umbruch", verwies hinsichtlich der Pensionsrückstellungen auf die immense handelsrechtliche Unterbewertung, die er in einer Größenordnung von 40 Prozent bzw. 80 Mrd. Euro für Deutschland in Zahlen fasste. Als Gründe wurden der problematische Diskontierungszinssatz sowie etwa

die
verbotene Berücksichtigung zukünftiger Gehaltssteigerungen genannt. Der Referent betonte auch, dass die Internationalisierung der Rechnungslegung im Mittelstand nicht mehr aufzuhalten sei. Es stellt sich lediglich die Frage, ob dies durch die unmittelbare Übernahme der IFRS oder durch eine sachgerechte Modernisierung des HGB unter Berücksichtigung auch internationaler Einflüsse geschieht. (4)

Dr. Oliver Senger, Mitglied in der Arbeitsgruppe IAS for SME des IASB und Referent auf dem 23. Münsterischen Tagesgespräch zum Motto "Deutsche Bilanzierung im Umbruch" vertrat die Meinung, dass eine grundsätzliche Ablehnung der SME-IFRS nicht zum
Ziel führt. Er wies darauf hin, dass die SME-IFRS kommen werden, also muss dafür gesorgt werden, dass sie so gestaltet werden, so dass der deutsche Mittelstand mit dem Ergebnis leben kann. Der Referent wies auch darauf hin, dass ein deutsches Bilanzrechtsmodernisierungsgesetz durchaus als Vorlage für die Ableitung von SME-IFRS dienen könnte, wenn es denn Mal verabschiedet werden würde. (4)

Ein Unternehmen, das sich beispielsweise mit der Entwicklung von Software befasst, soll zukünftig entsprechend den veröffentlichten Eckpunkten des BilMoG die Kosten für die Entwicklung der Software als Herstellungskosten der Software innerhalb der selbst erstellten immateriellen Vermögensgegenstände des Anlagevermögens ausweisen. Bisher galt ein Aktivierungsverbot. Die Kosten mussten aufwandswirksam erfasst werden. Das bedeutete, die Gewinn- und Verlustrechnung des Unternehmens wurde belastet, und der bilanzielle Gewinn geschmälert. (1)

## Weiterführende Literatur

(1) O.V., Eckpunkte der Reform des Bilanzrechts, Herausgegeben vom Referat Presse- und Öffentlichkeitsarbeit des Bundesministeriums der Justiz am 16.10.2007, Verantwortlich: Eva Schmierer; Redaktion: Dr. Henning Plöger, Dr. Isabel Jahn; Ulrich Staudigl
aus Frankfurter Allgemeine Zeitung, 17.08.2007, Nr. 190, S. 23

(2) Berlin dringt auf klare Bilanzierung Mehr Transparenz bei Zweckgesellschaften · Gesetz verspricht Entlastung um 1,3 Mrd. Euro
aus Financial Times Deutschland vom 17.10.2007, Seite 24

(3) Berlin stellt Eckpunkte für HGB-Reform vor

Zypries dringt auf mehr Transparenz bei Zweckgesellschaften - Kosten für Unternehmen sollen sinken
aus Börsen-Zeitung, 16.10.2007, Nummer 198, Seite 6

(4) BilMoG und SME-IFRS - Chance oder Belastung für deutsche Unternehmen? Tagungsbericht zum 23. Münsterischen Tagesgespräch vom 08.05.2007
aus Kapitalmarktorientierte Rechnungslegung, Heft 7-8 vom 2.7.2007, Seite 429

(5) Zur Zukunft der steuerlichen Gewinnermittlung
aus Börsen-Zeitung, 03.08.2007, Nummer 147, Seite 6

# Impressum

## Geplantes Bilanzrechtsmodernisierungsgeset - Veröffentlichung erster Eckpunkte

**Bibliografische Information der deutschen Nationalbibliothek**

Die Deutsche Nationalbibliothek verzeichnet diese Publikation in der deutschen Nationalbibliografie; detaillierte bibliografische Daten sind im Internet über http://dnb.d-nb.de abrufbar.

ISBN: 978-3-7379-1357-7

© 2015 GBI-Genios Deutsche Wirtschaftsdatenbank GmbH, Freischützstraße 96, 81927 München, www.genios.de

Alle Rechte vorbehalten. Dieses Werk ist einschließlich aller seiner Teile – z.B. Texte, Tabellen und Grafiken - urheberrechtlich geschützt. Jede Verwertung außerhalb der Grenzen des Urheberrechtsgesetzes bedarf der vorherigen Zustimmung des Verlags. Dies gilt insbesondere auch für auszugsweise Nachdrucke, fotomechanische Vervielfältigungen (Fotokopie/Mikroskopie), Übersetzungen, Auswertungen durch Datenbanken oder ähnliche Einrichtungen und die Einspeicherung und Verarbeitung in elektronischen Systemen.